HICE UNA FIESTA
Y AHORA QUIERO ECHARLOS

HICE UNA FIESTA
Y AHORA QUIERO ECHARLOS

KAREN BYK

Valparaíso
EDICIONES

Número 406 de la Colección VALPARAÍSO DE POESÍA
dirigida por FEDERICO DÍAZ-GRANADOS

Diseño de colección: Chari Nogales
Maquetación: Paola Hormechea Cuéllar

Imagen de portada: María Victoria Ciccone

Primera edición: Febrero de 2024

ISBN: 978-84-10073-17-3
Depósito Legal: GR 120-2024

Impreso en España - *Printed in Spain*
Gráficas Gami

HICE UNA FIESTA
Y AHORA QUIERO ECHARLOS

Todo es gestar y después parir
(Cartas a un joven poeta, R.M. RILKE)

SACAR UN PASAJE EN AVIÓN

tirarse de boca a la tierra   RO   MPEE   EEEER

                        el telón del tiempo eeeeeeeee
eeeeeeeeeeeeeeeeeeeeee
                eeeeeeeeee   ee stiro   el hilo hasta tocarte

        ¿seguís ahí¿   ¿HAY ALGUIEN

dispuesto
                a armarme¿

ESTAMOS EN LA MISMA CALLE

¿qué es para él un poema?
¿qué trata de alcanzar con la mano?

para qué cortar la cara del fuego
o acostarme en los restos   ¿   del escombro, tengo
arena en los pies y una roca   desangra del golpe
qué hago si entra a mi casa y no hay nadie   ?

te acostumbraste a que el pecho sea la nube
aaaaa!!!!!!iiiiiiiiiii   pero toda nube llora y se desinfla
                                        [de cargarse,
mamá lo adelantó hace años

!corré de las marcas
de cortarte con el hieloi

LA NATURALEZA ESTÁ EN TU CARA

roto se acercó el silencio
  quebró nuestra guarida   terciopelo
       pintaba las paredes como un gato
           tierno   el pecho   un jugo
       podría comer desde adentro la dulzura
           esconde   mi peso   aniquila
       podría lamer con la fuerza del que sabe
           acariciar   la huella   del diablo
       tan cómodos nos balanceamos en el barro
           lanzas   fermentaron   la salida

¿DÓNDE ESTÁ TODO LO QUE ANTES HABÍA *Y AHORA NO?*

a qué costo
¿?
era nuestro
¿?

¿DÓNDE ESTÁN? SIGUEN VIVOS PERO YA NO SON MIS PADRES

con quién comprar ese pedazo de tierra quién
va a tomarme de la mano cuando él muera cuál
madera nos traemos de las frutas ya maduras

revolver en los residuos para armar la torre alta

están avanzando van a guardar de a partes
en rincones lejos   :   hay un ejército
             hace años que se entrena
             y es ahora el sol se escapa   !¡
      NO HAY espacio para guardar la alfombra ¿? suave
va a tener que ser el cielo
no hay   espacio para besar las caras suave
va a tener que ser la espada
no hay   lugar para dormir en tramos   fuego
va a tener que ser la guerra

      con quién comprar ese pedazo de cueva afilar las uñas
                  [resguardar las hojas perforar la boca

HAY COSAS MÁS IMPORTANTES QUE VER

eso, eso, eso eso eso
cosas, cosas,   otras
    mirás para alláaaa mirá mirá   UN PÁJARO
                             [VUELA

MIRÁ ALLÁ: el árbol también ama

  estoy cansada de salir a las espinas. quiero quedarme,
ser abrazada por el barro. tragarme las hojas y saltar el
mármol. bañarme en el felpudo y en el pasto.
toda la madera está averiada
¿qué monstruo escupe en su propia casa?

             AAAAAAAALLÁÁ. allá es donde todo está
              [pasando y te lo estás perdiendo.
quise volver temprano, dormir el invierno, besar con
               [colmillos en la entrada
este gato de cristal es escurridizo como el ángel
esta terraza no se parece al mundo
        ni a la piel   *dura*   de empujar la tierra

PREPARASE PARA LA FIESTA ES LA PERFORMANCE DE SER UN ANIMAL

desnudar ciego el gusto
mezclar lo roto con la idea
de ser la luz que emprende
todo   queda adelante
   los mensajes son flechas que apuntan --------> ¡un beso
                                        dirige la espera!
                     pero en este, mi reino,
                 busco la exaltación de cuando lloro
                      no está: vuelvo

   tomo   ////////////////////   trenes ////////////////////// al abismo
              una misión espacial golpea la espalda
            nos movemos como las olas del mar trabajan
                   te encuentro, sos en el medio
                        la del arma
                       tenés mis ojos
                      medimos distancia
   todo está volando por el aire la garra el anillo saliva rota
                                        [entre hocicos
              llueven
                           rugidos
           piernas
                brasas
                yemas   lejos

        ¿dónde estás?   es ahora la selva
                                    una guarida

17

no entra nadie más

qué afilado es bailar entre ustedes   los brazos son
                                                                    [serpientes
la pecera tiene huecos y caemos
                   como

                    espuma   en   el
                                           colchón   quedo
sola

¿qué buscaba?

VIENE LA ERA DE ACUARIO !!!!
LLEGAMOS ¡¡¡¡¡¡¡

teníamos catorce. vomitabas en el subte
me confesás que no comés
aaaaaaa siempre el amor fue un padre dándote plata
[para   puchos
nosotras esperábamos   desnudas   al costado
[de la autopista   PARÁ
la cama se derrite abajo nuestro   ....
tenés los ojos partidos

para qué estamos llorando metidas en esta
[lata si mañana el sol va a estar frío
sobreviví para mostrarnos   la salida . o . la cueva

ESTOY ESPERANDO QUE TU AMOR
ME COMA

quiero quiero quiero QUIEEROOOO KKIIIII   qué
QUIERO

hago el truco,
        venís

llenás   el
eeeeeeeeeeeeessppppaaaaaaaaaaaaaaaaaaaciiiiiiooooooooo
con   tu   CUERPO
ENTERO
  no hay más vacío NO HAY MÁS   VACÍONOHAY
MÁS   VACÍO   NO
HAY   VACÍO   NOHAY MÁS VACÍO   NO HAY
VACÍONOHAYMÁSVACÍONOHAYMÁSVACÍONOHAY
MÁSVACÍONOHAYMÁSVACÍONOHAYMÁSVACÍONO
HAYMÁSVACÍONOHAYMÁSVACÍONOHAYMÁSVACÍO
NOHAYMÁSVACÍONOHAYMÁSVACÍONOHAYMÁS
VACÍONOHAYMÁSVACÍONOHAYMÁSVACÍONOHAY
MÁSVACÍONOHAYMÁSVACÍONOHAYMÁSVACÍONO
HAYMÁSVACÍONOHAYMÁSVACÍONOHAYMÁSVACÍO
NOHAYMÁSVACÍONOHAYMÁSVACÍONOHAYMÁS
VACÍONOHAYMÁSVACÍONOHAYMÁSVACÍONOHAY
MÁSVACÍONOHAYMÁSVACÍO
NOHAYMÁSVACÍO
NO HAY vacío   vacío   vvv v v v v vv no hay
                                               vvvvvvvvvvv
                                               descanso

DIBUJO UNA AMIGA PARA MÍ

perdida en el medio de la nubeCUA
REN
TAtantos otros
    espacios   se
           DERR
           RRI
           TEN
tennnnnnnnnnsa el miedo al hombre
        enferma
      el puente entre ellas ES
          la entrada   cubierta
de agujeros

        te espero, es   .   acá el
                                   pico

NADIE EN ESTA FIESTA NOMBRA

tan lejos que la nube se rompe y la noche   que ma   tan
    pronto se ensució la boca de poemas

los otros se metían tiros de llanto apilados en mármol
es el centro de una hora   .   no conozco A
                                  [NADIE   .
nadie   :
rompe la cadena con gracia
tira suave del alambre
dobla el humo para verme .   nadie

corta la carne
con nombrarla

YO SOY LA QUE ESPERA

porque con la boca y el pecho hacés
    un hueco entre mis huesos   dijiste
      ser fuerte es no estar esperando
yo quiero pararme en la vereda
para que me veas   de lejos   grites

                             ¡¡¡¡¡linda!!!!!!

qué fresco eso que hacés con los pies
    cuando estás   *atenta*
te pusiste de frente una toalla desteñida   quiero
traer café a la cama   que quemes
 la cortina con   la lengua

recién apoyamos los ojos   ¡ya está!
por aplastarnos   el puño

salvé las tazas   [el tronco   ] se quiebra.

LA MÚSICA FUE UN CUCHILLO

pasó tan fino afiló
todo mi borde

ELLA ES TODOS LOS BOSQUES

busco
    busco busco busco busco busco busco
¡¡¡¡¡¡¡¡¡¡¡busco!!!!!!!!!!!!

      busco ||||||||||||| sí ---------------------- a llllllll á

             no/ me quedo en esta roca

buuuuuuuuu | sco   tu cuerpo queda   tan lejos

                el borde aparece en un globo
¿es acá?

siempre la amenaza de la lluvia y él
                    derritiendo con paciencia

                      los tron

                          cos

   un pozo es un reflejo vacío   cruzó
   el portal ********* ´·· **********

SE QUEMARON TODAS LAS PALABRAS
DEL TREN

sí, *todo lo que pensabas* fue   VERDAD
      estaba pegado al fondo de tus huesos   ERA
la espera estar sin otra   FUENTE

    ....

!!!!!!!!!!!!!! pero qué bien se siente poder   flotar iiiiiiiii

HAY ÁNGELES QUE MUERDEN
EN EL BARRO

ella   no conoce la palabra   que rompe
ella   dice que estoy   lejos
    pausa   la distancia necesita   de las dos

suena en mí como un acordeón el metal
   clava(do) en el fondo

quiero su nombre en la alfombra
quiero la hamaca y el ángel

EL AMOR YA NO ES CUEVA

estoy incómoda pero igual me quedo   a sostenerLO

también a vos también a vos también también
lastimarme con la propia espada
alí todo lo que pasó fue para esto
todo lo que dormí para rodar   en esta idea
todo lo que ESPERÉ

                              fue para eeeeeeeeeeeeeeeeste
borde y freno

¿alguien va a buscarme para llevarme a cuestas?

si sos débil alguien tiene que encargarse de tus trámites
                                        [y llantos
encargarse de cargar la carpa
encarnar un cuerpo que cargue el barro cabalgar
con la mochila y fotos feas

para que crezca una idea hay que mirarla
fijo   el hueco
entre los ojos:

no atender más sus llamadas

EN EL SUEÑO LA CASA ERA MÍA Y YO TRATABA DE ECHARLOS A TODOS

me relajé y se acercan   .   van   .   a atraparme
hay que salir correr correr
                    CORRÉ, CORREEEER para siempre
para siempre   :   para siempre
                                        pará.
                                        qué.
                                            siempre
                        haya alguien haciéndome altares
admirando y comiendo hasta abrirme   y tragar
                                        [mi carne

ME RELLENARON EL NOMBRE

es tan feliz mantiene
   el aire en orden

el éxito iba a ser
   una mon
        tañ
        a

entre serpientes
   arm é
        una cueva:
ʔse construye?   ? o   des   hace   tierra?

AAAAAAAAAAAAAAAAAAAAAYYYYYYYY
CÓMO DUELE LA IDEA

esa boca sangra clavos y me aplasta

NO HAY JUICIO

señor detrás de la cortina VE!
   es muy tarde para quedarse sola y el ruido pesa
marqué en el calendario cuándo fue
que regué
      la
        s pl
       a   n
       t   as

   zumbaron   nubes   que viajan   QUIERO
robarLO TODO

   ¡¡¡¡ demeéeee !!!!!!
   el tiempo vuelve a ser todo mío   QUISE
quebrar la muerte   con su fuerza
                 ....
decir yo es una obviedad   . mejor .   me guardo toda
                                   [esta espuma
                 ....

ESTOY TAN CANSADA QUE ME VOY A IR
DESPACIO   FUERTE DESPACIO
FUERTE DESPACIO FUERTTTTEEE

(////   un cuarto redondo y firme   ////)))
como la punta del chupetín con chicle qué   SUAVE es
la lengua del tigre

    devorando el envoltorio de la fiesta $%%%   el
                               [agua %%%%
  llega en avión
      protegida por señales acaricio   la nieve

   ¿van a excluirme¿¿¿   ¿¿¿¿lloré demasiado¿

qué rica esta música en este cuerpo.   qué amable esta
                          [ruta cubierta de hongos.

¿te acordás de esa vez   que en el bosque
               [la noche se comió a los árboles¿

qqqqqqqqqqqqqqqué alivio,   mataste
  a tus padres
para ser
el ángel

MIS BRAZOS SON FUERTES

soy un hombre que cae al vacío
   soy un hombre que c aaaaa

                        eeeee   alvacío

un hombre
cae
     a   el   vacío

     hommmmmmbre   ca   e ::::::::::::   vacío

soy   el vacío que cae
                sobre el hombre

    un vacío   enorme

soooooooooooooooo   y   un hombre que cae

vacío

    hombre que   sostiene …………...............
          …………...............

    partido

ANTES ÉRAMOS LA PISTA

estoy en la caída

del grito

e l   b e s o   se pierde
  h a y
t a n t o o o oo o o o o o ooo o oo

H   U   M O

mi intento es   insignificante.

TOMAR UNA IDEA Y DESCUARTIZARLA
HASTA QUE SANGRE

cómo se había olvidado todo eso   HABLAR CON
[SERES
¡¡¡¡¡¡¡¡¡HUMANOS¡¡¡¡¡¡¡¡¡¡¡

están partiendo el túnel ////////////   sangra la ropa y
[él   acostado
(al costado)
del   sillón

el aceite cae, desarma el papel   hace de la
[laguna un rombo

tomé de todo y ahora MÚSICA   o paredes

ya no hay nadie que responda por vos
que te agarre la espalda cuando estás cayendooooo
[aaaaaaaaaaaaa
aaaaaaaaaaaaaaaaaa
hhhhhhhhhhhhhhhhhhhhhhhhhhhhhhhhhhhhhhhhhhhh
hhhhhhhhhhhhhhhhhhhhhhhhhhhhh
¡¡¡¡¡¡¡¡¡¡¡¡¡¡¡¡¡¡¡¡¡¡¡¡¡¡¡
fractura y cráneo

me aplasta
los huesos
se parten
TU BOCA YA NO TIENE CARNE

no tenés
más cuerpo
y yo no puedo
hacer
más magia.

¿DÓNDE ESTABAN CUANDO QUEBRÉ
EL MÁRMOL?

me vieron abajo de su piel   corrieron   *lejos*

              tem bl ó   el puente   --------------- QUIETA
aparece en toalla   la   tarde

en una época   ellos   sabían mejor

¡GRACIAS POR ENSEÑARME A HABLAR!

me partieron
   con su hacha los ojos   aaaaaaaaaaaAAAAAAAAAA
esta espuma que brota de la boca
      ¡puede acariciar la belleza   como a un gato!

TODO ES SUBIR Y BAJAR

YA NO LO SOPORTO !!!!!!!!!!!!!!!!!!!!!!!!!!!!!!!!!!!!!

ESTOY ROTA PERO BIEN

romper la lengua en dos y trabajar con la carne que
chorrea se cae de los brazos y VOOOOOOOOOS
llorando en la esquina del cuarto, los velorios siempre
fueron temprano y a la noche se sentía mejor, como
hacer una pijamada y sentir que el sol no acaba.

te vas a dormir o seguimos jugando?

quiero que alguien muerda este agujero que tengo en
el centro, que te comas con los dientes el vacío, que me
marques los bordes con tu cuerpo, no entiendo cómo
hacer para frenar la locura de querer amarte MÁS Y
MÁS Y MÁSMAMAMMAMASMMSSMSSMAMS Y MÁS
MÁSSSSS hasta arrancarte la cabeza
                    con mis gaAAAAAAAAArras
quiero que seas el cuerpo de la noche con las luces,
la fiesta que no vuelve, seguir y seguir y seguir,
te amo porque siempre querés seguir conmigo y darme
máaáa´áa´áás, por eso lloro cuando te volvés hacia allá y
no querés que estemos todo el tiempo re en una.

no querés que estemos todo el tiempo re en una? qué es
lo que estás buscando con tanta ropa? dónde vas a poner
el freno a las preguntas? qué tan lejos del centro vas a
correr? NO DEJES QUE NADIE TE DIGA LO QUE ES
MEJOR PARA VOS, salvo todossssss. todos dijeron tantas
veces lo que tenía que hacer que ahora siento mi cerebro
freírse en la sartén mientras yo ruedo por el cuarto,
chocando en las paredes y volviéndo al mismo centro.

no soyyyyyyyyYYYYYY esa, ni esa otra, ni tampoco
soy varón. no tengo la fuerza para decir no importa. no
rompo con la boca las preguntas de las madres, ni soy
capaz de escupir lejos.
aaaaaaaaaaaaaaaaAAAAAAAAAAAAAAAaaaaaaaaaaaaaa
aaaaaaaaaaaaaaaaaaaaaaaaa

morir es dejar de moverse
YAAAAAAAAAAAAAAAAA   basta de este barro,
no queda madera y el invierno cae crudo   ya

no hay salvarse del incendio

QUIERO ABRIR TU CUERPO EN DOS

sacar   lo que me lastima
quedarme   con los restos

EL INVIERNO LLEGÓ ESTÁ ACÁ
DURMIENDO ENTRE LA ALFOMBRA

¿quién lijará toda esta lluvia?

estar vacía es   *una comparación*

AAAAayer decías que el sol se acaba
      en   tantos años   ¿y....????

poné al máximo y rodemos montaña abaaaaaaaaaaa
                a
                a   a
a   a   a
a   a   a
a   a   a
a   a   a
a   a   a
a   a   a
a   a   a
a   a   a
a   a
                   jo

       todos en la casa se deprimen de dormir.
           ella compró vitaminas.
   él
       va dejando hilos de saliva como hijos.
              [iay,   si cayesen ojos

en lugar de este polvoii endurece sé la puerta
    nos custodia

      el ángel o el
        fondo

QUIERO ABRIR MI CABEZA Y ESPARCIRLA SOBRE LA MESA PARA QUE ME AYUDES A ORDENARLA

es que tu boca es tan fuerte es
    un templo de columnas cortas es
        un ramo de porcelana a golpes es
            la miel que gotea en la puerta

            es que mi espacio es tan seco es
        un borde que resbala piedras es
      un plato de sobras de carne es
la punta del hielo al eterno sur

QUIZÁS EL AMOR FUE ELLA

acarició mi sensibilidad con la lengua: tocó
con la carne lo hermoso
    clavó el colmillo
en el color   que me   parte
{{{{..}}}}}}}}}}}}}

POEMA ÉPICO SOBRE NUESTRA
ÚLTIMA BATALLA

érase el día gris y tieso como todo invierno
en esta cueva oculta y sin magia ¡cuántos
perros se asoman a su presa!
cuando cae el sol y la luna oculta
es aquel momento un peligro: se escucha el grito
ahogado penetra el mar

las veredas eran casa para el hielo
los ladrillos fijos en su hueco miran
mientras cae en su sábana el fuego
te miré con las garras del lobo
te vi lejos con la boca en otra boca
me arranqué los residuos
de la huida.

si los ángeles hubiesen escuchado el choque
estarían con certeza aquí encubiertos
arrimando

con las uñas mis pedazos
¡qué crueldad! volcarse tanto en una grieta
el derrumbe de las caras con belleza
sola en la alfombra grita   una bestia

VOY A SER TU AMIGA ESTA NOCHE

podés descansar   tus pies
                acá   son
                    polvo
espeso   y plano

    voy a decirTE   deseo

.   armar estantes   y
                colgar
                    nos,

.   lanzar el hacha antes de verte   filosa
raspa
 el centro
   de tu espuma
!!!!!!!   te mostré: tenés un borde iiiiiiiii

voy a desarmar el hierro
        o el sostén de los que juzgan

después   de   esta   noche me voy a ir
como   si   todo
              fue   se

aaaa   a
      g
         u
         a
‚‚‚‚‚
   ‚‚ ‚‚‚
   ‚ ‚ ‚
      ‚ ‚ ‚‚

ME TREPÉ A LA NUBE SOLA

seré el ángel   ¡F IIIIIIINNAAAAAAALLLMEEEENTE!
    me desprendo del halo tibio   que guardó mi lengua
el comienzo de algo bello inspira que el vehículo acelere

            ahora soy yo   quien encuentra el volante

afuera diluvia y no me asusto como esa vez
    frené al enterarme el peso del metal
¿cómo puedo hacerme cargo de un cuerpo
            más grande que el mío?

qué pasa si este animal se revela   suelta la cordura y
                                [dispara ------- *
    no.   montaré sólo el brillo
            que también pueda callar

HICE UNA FIESTA Y AHORA
QUIERO ECHARLOS

es que tenía
ganas de ser un foquito, hacer un baile en el living
y que todos todos salten
de su acantilado más brillante

tenía ganas de ser un hada, hallar el puerto y remar
con mi varita   traer de vuelta
las bocas que me dejaron quieta

ganas de ser montaña y quedarme fuerte
firme y con la belleza frágil del accidente
GANAS DE SER EL AIRE EN QUIEBRE con el pinche
                              [entre los dedos
descalzarme y despegar

tenía ganas de ser la rampa suave
tantas ganas de ser ángel girar
                sobre mi eje como un globo
tantas ganas de ofrecerles una mesa

tenía muchas ganas de raspar la hoja   al medio
    del puente vinieron, bailaron y comieron y volcaron
                        [rodaron derrocharon martillaron
escupieron   espantaron
estrujaron y con garras estrellaron los cristales   se
        [llenaron las valijas   y tomaron con los dientes

t
o
d
o

 el
o
rooooooo
...
,,,,
,,,,,,

,,,,,,,,,,

....

....

tan enojada con el robo y la muerte

IGUAL BESÉ SU ROSTRO

hasta que al fin se derritió
todo el bosque.

ÍNDICE